bambino LÜK

4–6 JAHRE

Bald bin ich ein Schulkind

westermann
lernspiel

Die Geschichte

Die Nachbarszwillinge gehen jetzt in die Schule.
Den ersten aufregenden Schultag haben sie schon hinter sich und sie erzählen, was sie in der Schule alles machen.

Kannst du dir vorstellen, wie es sein wird in der Schule?
Werden die anderen Kinder freundlich und nett sein?
Und was wirst du alles lernen?
Die neuen Schultaschen haben die Kinder von Oma und Opa geschenkt bekommen.

Begleite jetzt die Zwillinge in die Schule und schau dir an, was es dort alles zu entdecken gibt.

Und denk daran: Auch du bist bald ein Schulkind und dann kannst du viel Aufregendes erleben.

So einfach spielst du bambinoLÜK:

Öffne das bambinoLÜK-Lösungsgerät und lege es auf dein aufgeschlagenes bambinoLÜK-Heft. Lege die sechs Plättchen mit den Symbolen nach oben auf die Aufgaben mit den gleichen Symbolen, also das Plättchen mit dem roten Symbol Haus auf die Aufgabe mit dem roten Symbol Haus oben links in der Ecke.

Wenn die Plättchen auf den Aufgaben liegen, nimmst du das Plättchen mit dem Symbol Haus und siehst dir die Aufgabe an, auf der das Plättchen lag.

Welches Bild auf der unteren Seite passt wohl dazu? Lege das Plättchen auf dieses passende Bild. Mach es ebenso mit den anderen fünf Plättchen und Aufgaben.

Schließe dann das bambinoLÜK-Lösungsgerät und drehe es nach oben um.

Jetzt siehst du das bei der Übung abgebildete Lösungsmuster.

Die Spielanleitung

Die Spielanleitung gibt es auch animiert unter www.luek.de

Autor dieses Heftes: Michael Junga
Illustrationen: Yo Rühmer, Frankfurt am Main
Druck und Verarbeitung: westermann druck GmbH, Braunschweig
ISBN 978-3-8377-7971-4

1 Als Schulkind
bekommst du eine Schultasche

Suche den vergrößerten Bildausschnitt!

2 Als Schulkind
bekommst du auch ein Schreibetui

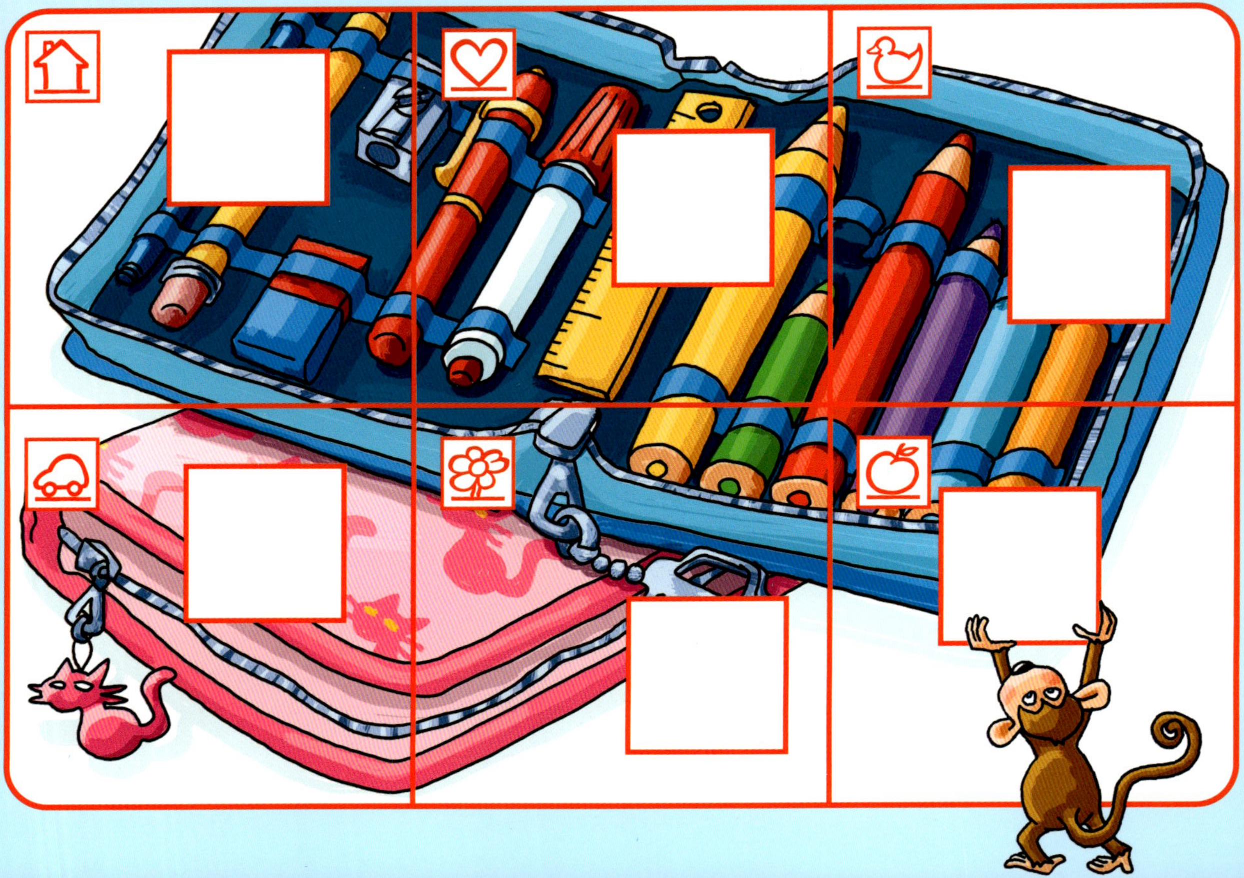

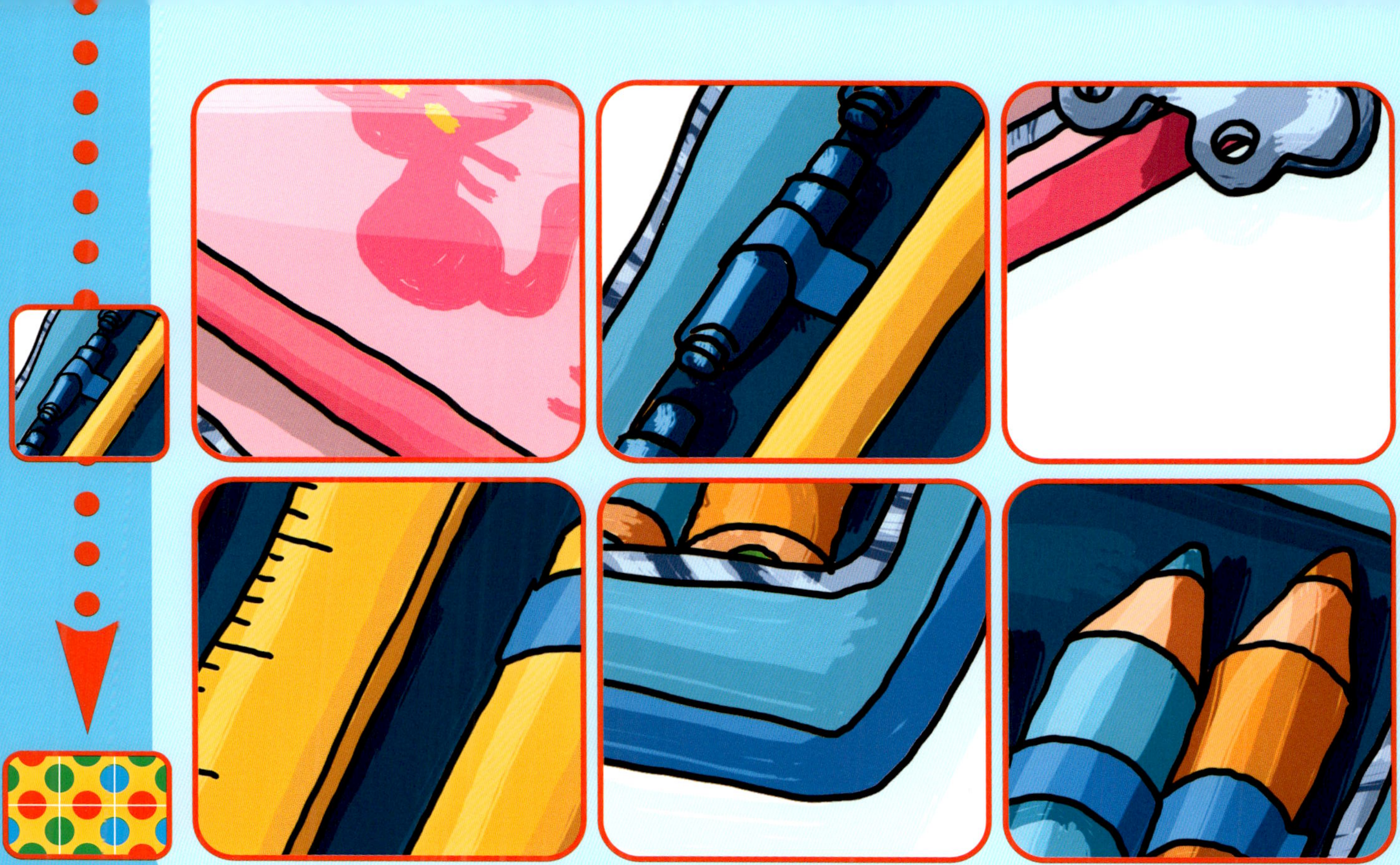

Suche den vergrößerten Bildausschnitt!

3 In der Schule
lernst du Buchstaben kennen

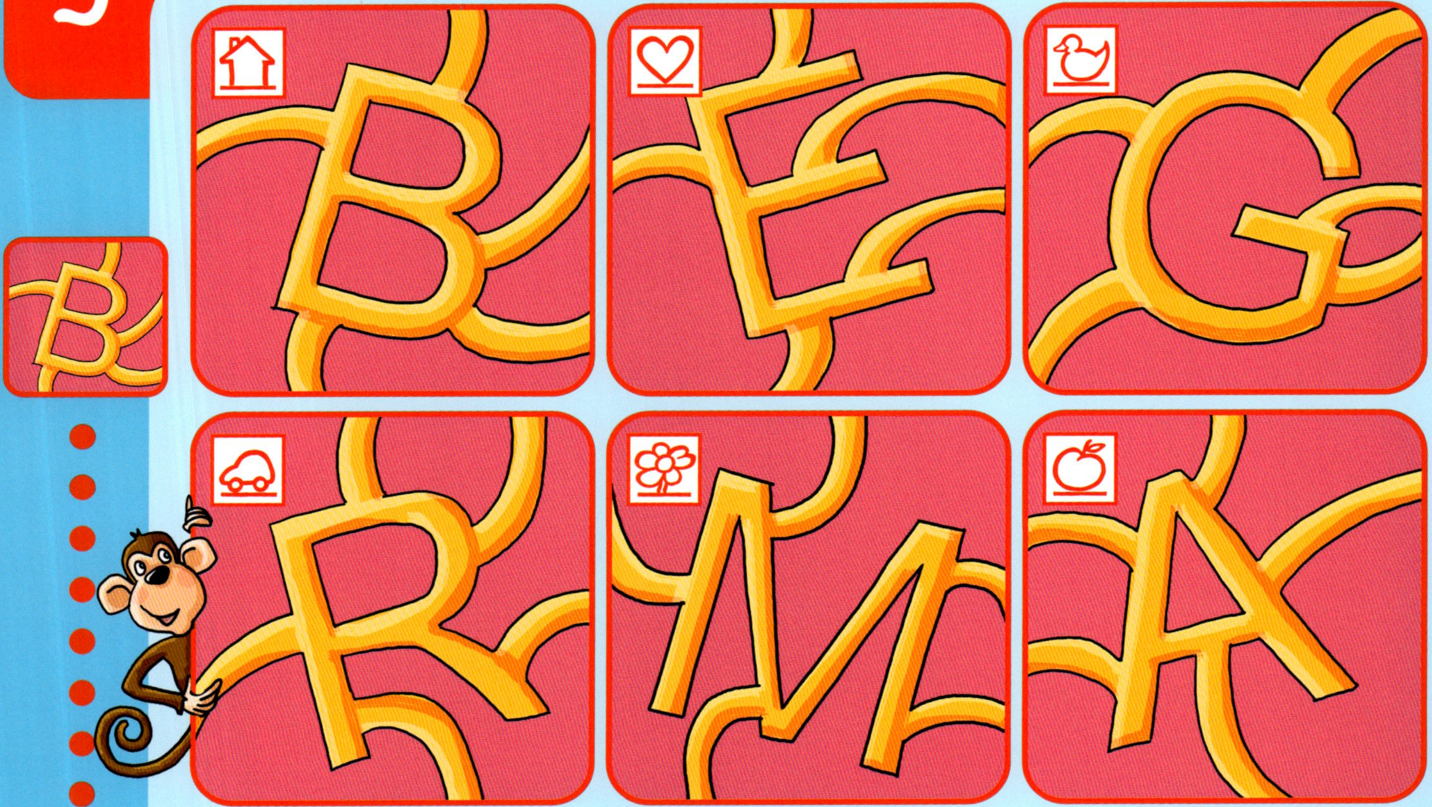

Welche Buchstaben erkennst du hier?

4 In der Schule lernst du Zahlen kennen

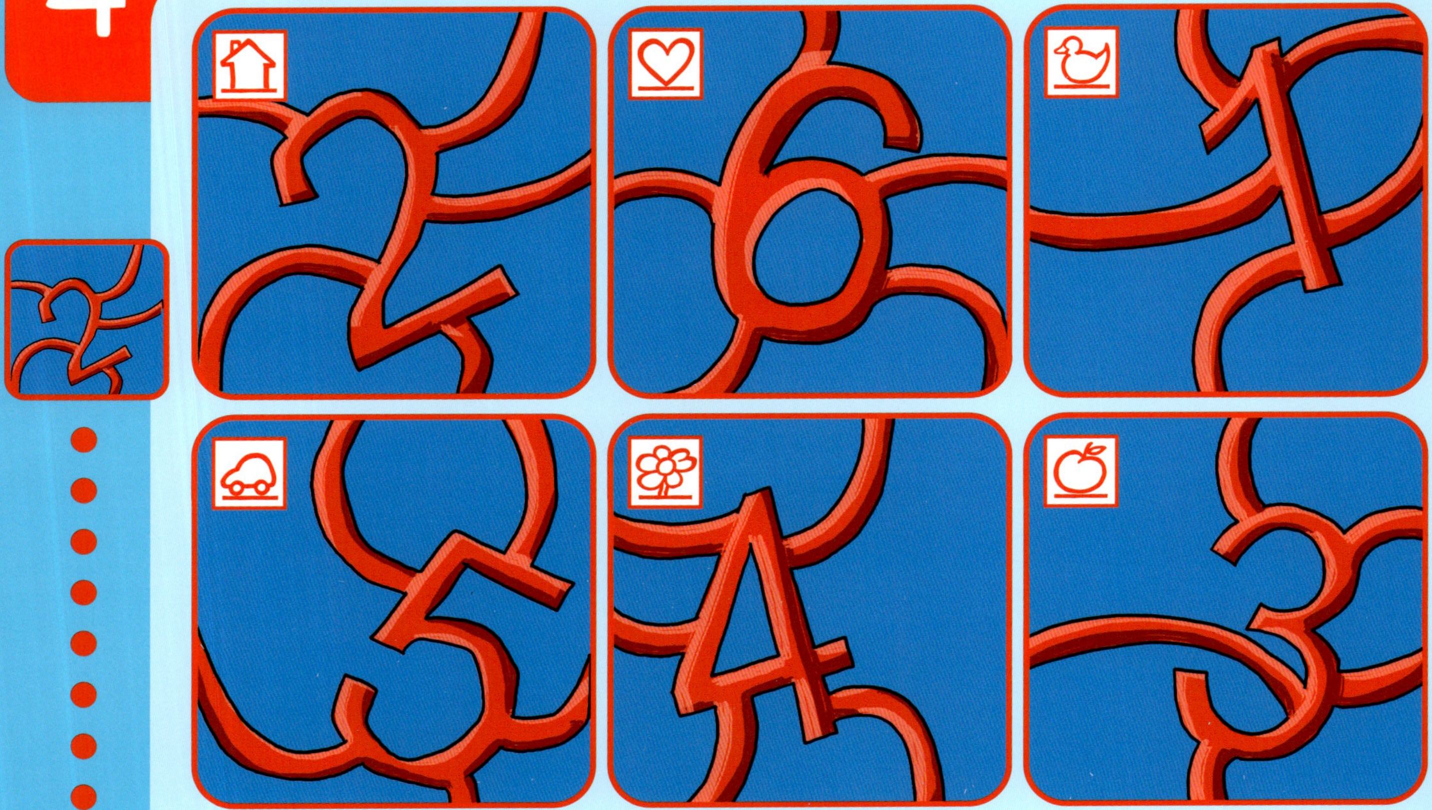

Welche Zahlen erkennst du hier?

5 In der Schule
kannst du fleißig lernen

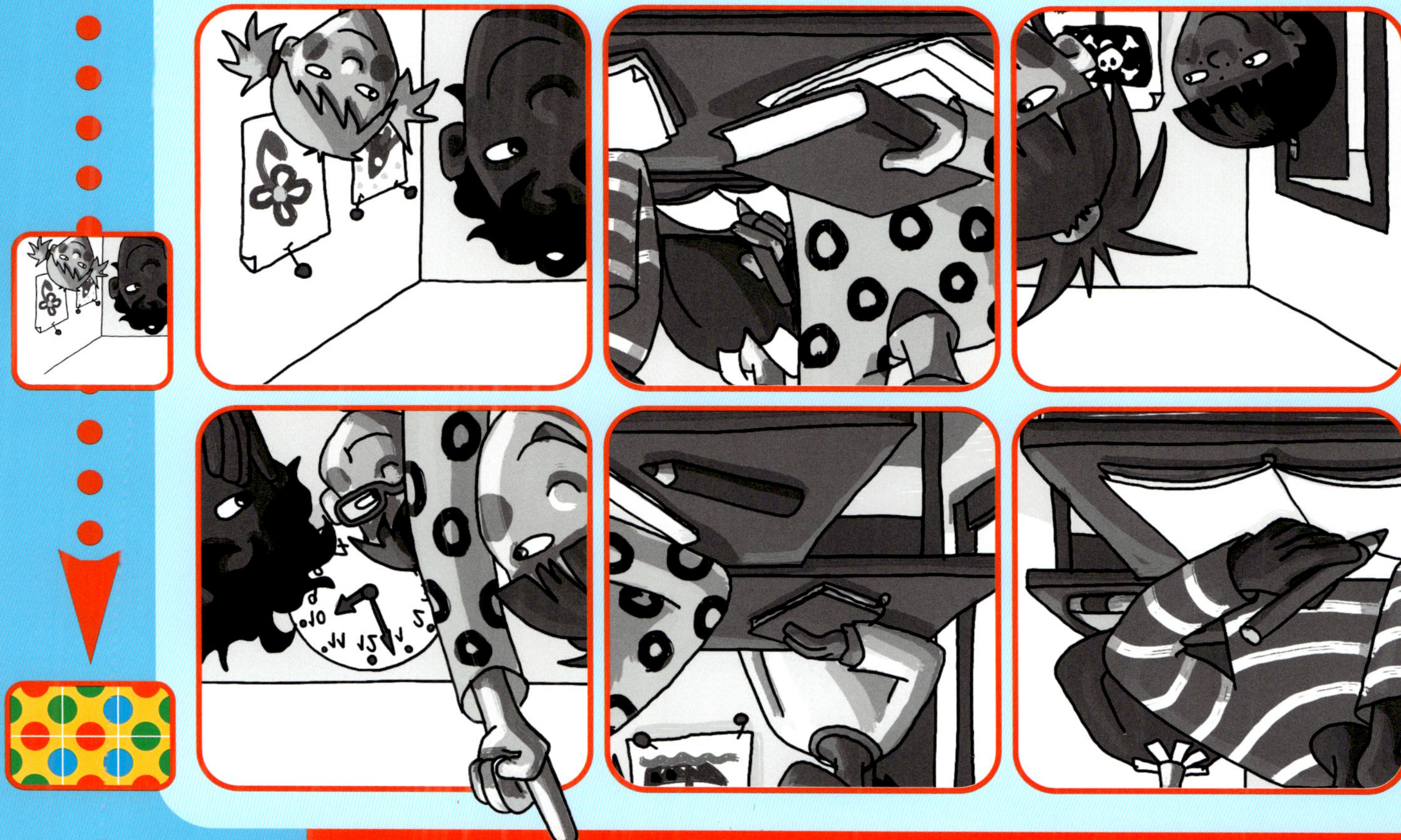

Wo ist der Bildausschnitt in schwarz-weiß und auf dem Kopf?

6

In der Pause
kannst du spielen und toben

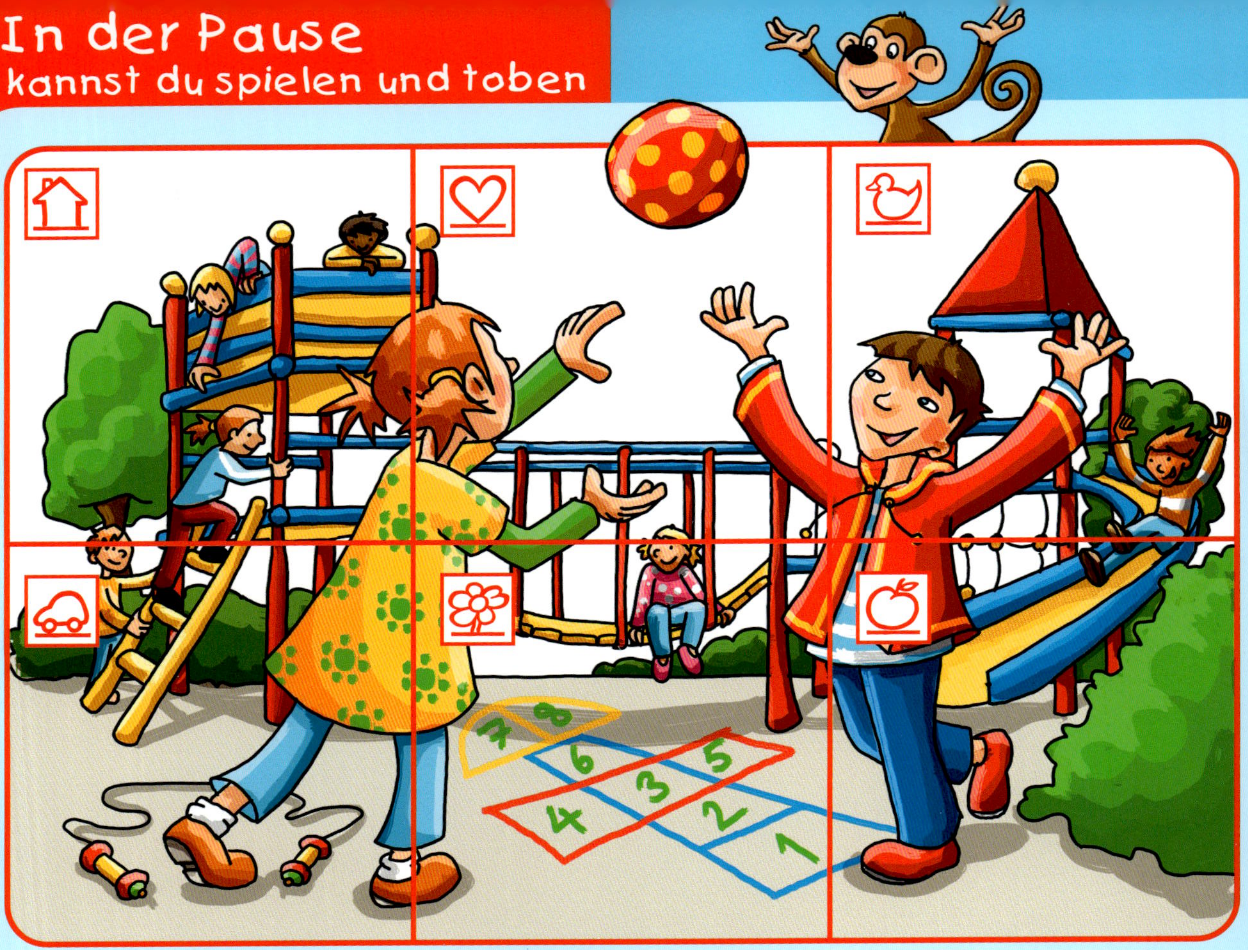

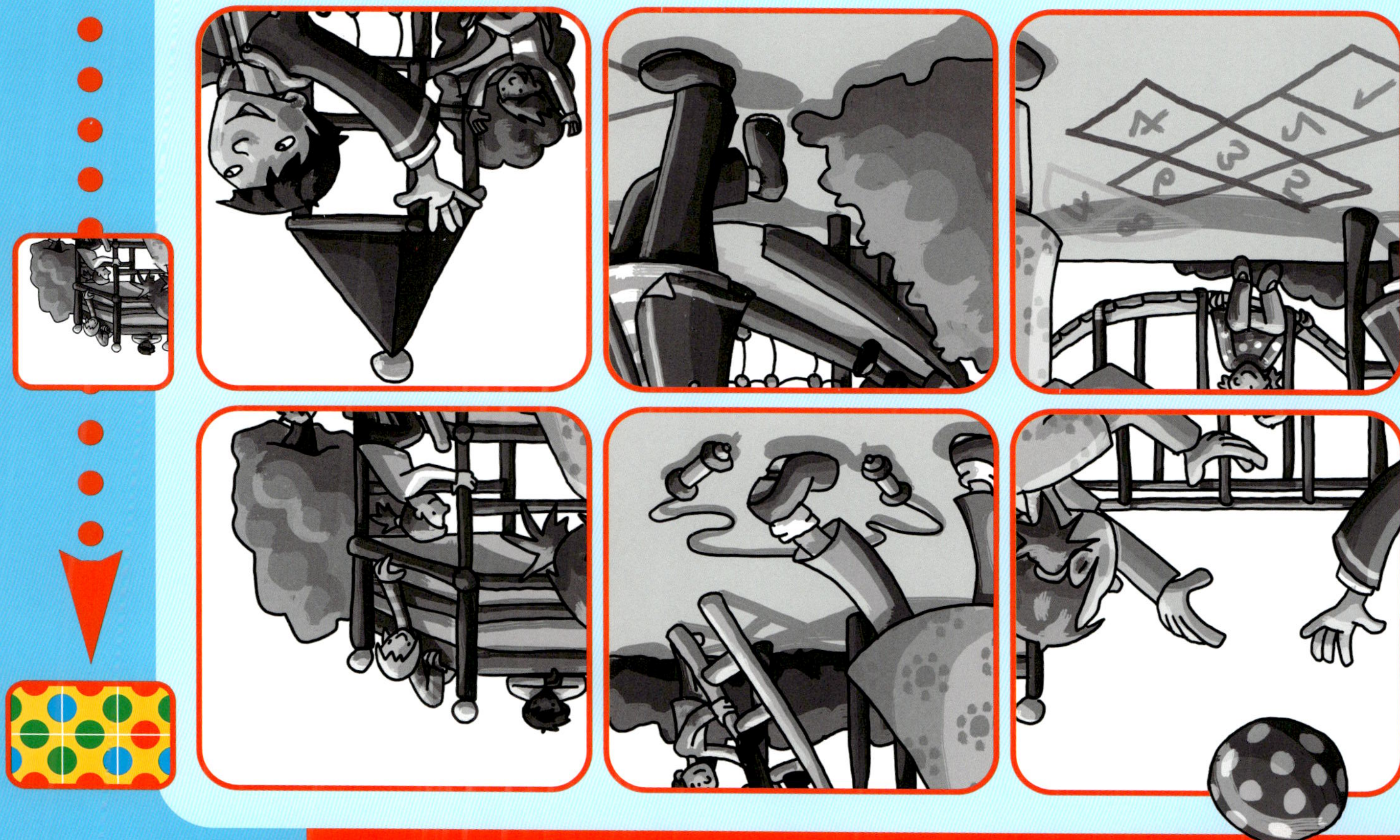

Finde den Bildausschnitt in schwarz-weiß und auf dem Kopf!

7 Im Unterricht
darfst du schneiden und kleben

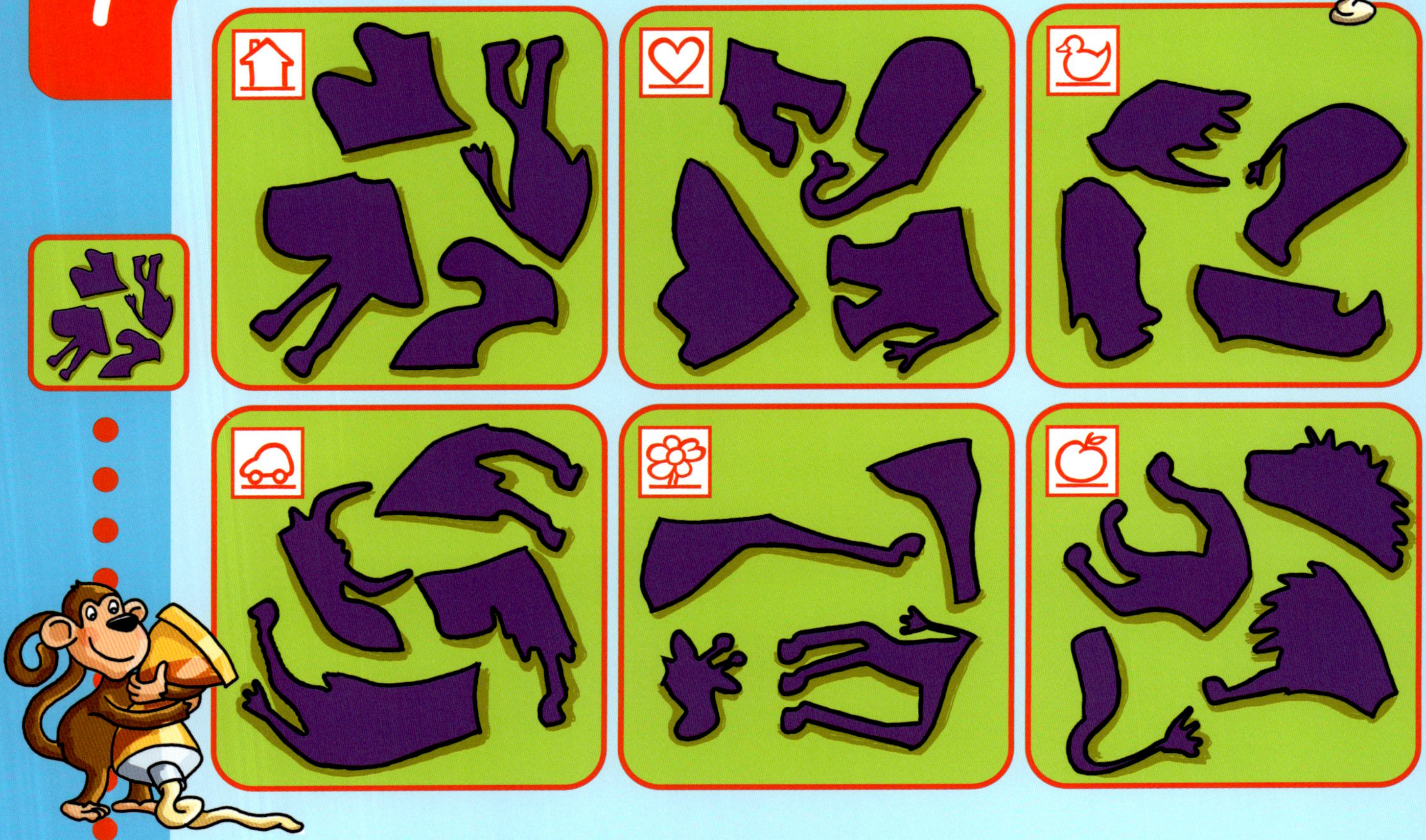

Welche Tiere kannst du zusammensetzen?

8 Im Unterricht
darfst du schreiben und zeichnen

KORB

SOFA

BALL

KORB

ZELT

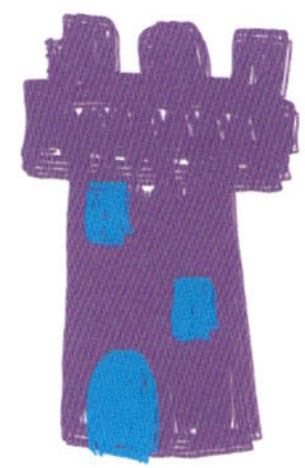

TURM

HOSE

Was wurde geschrieben und gezeichnet? Achte auf die Farben!

9 In der Turnhalle
turnst du an verschiedenen Geräten

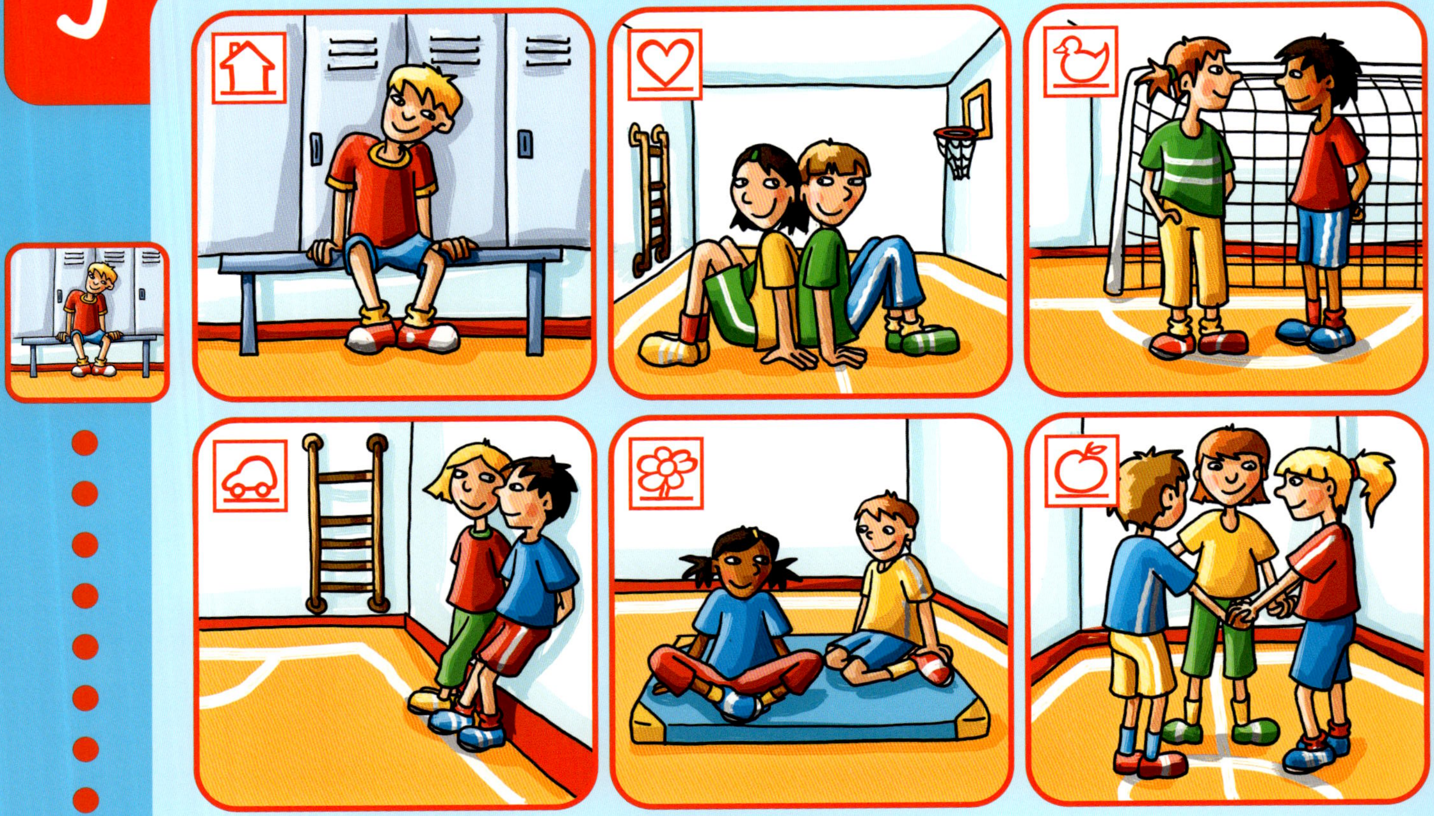

Wo turnen diese Kinder?

10 Auf dem Sportplatz
treibst du verschiedene Sportarten

Wo sind die gleichen Kinder?

11 Im Unterricht lernst du, Farben zu unterscheiden

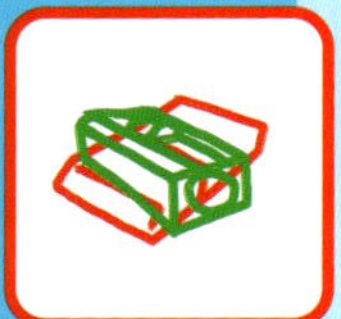

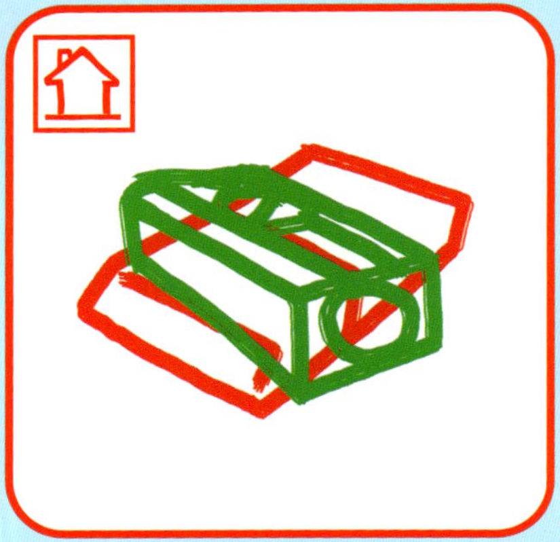

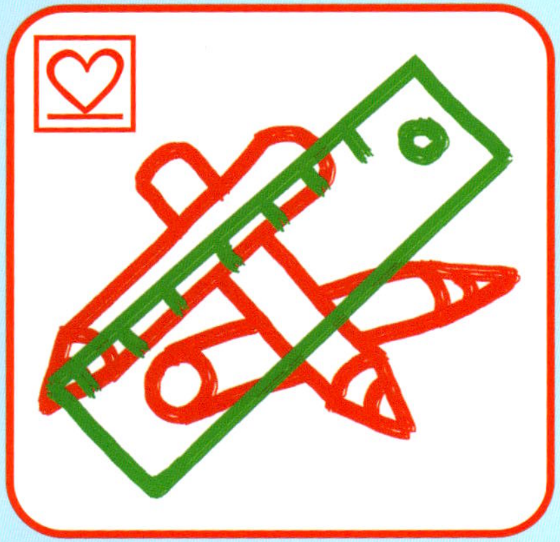

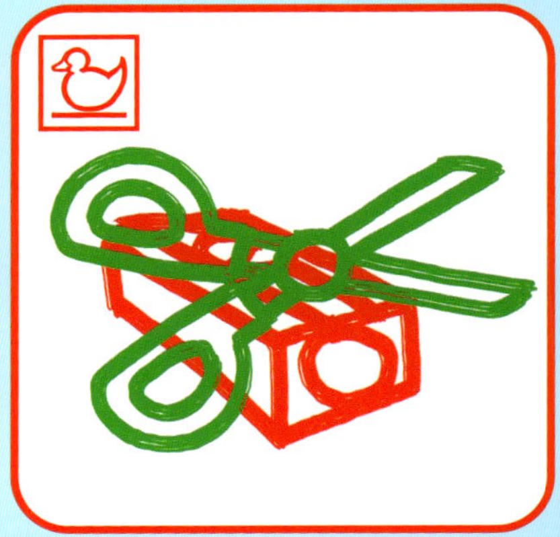

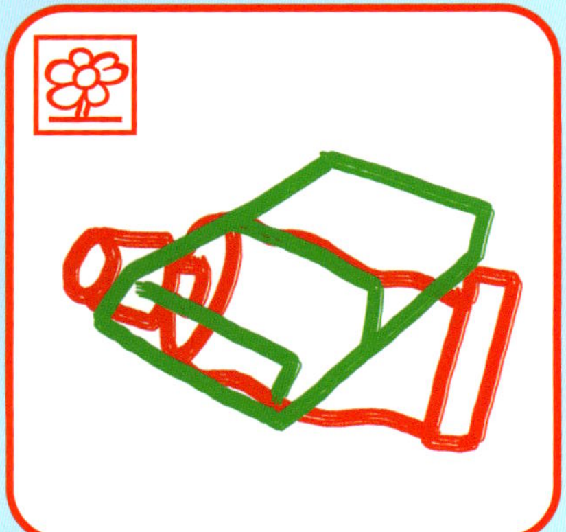

Finde das rote Bild!

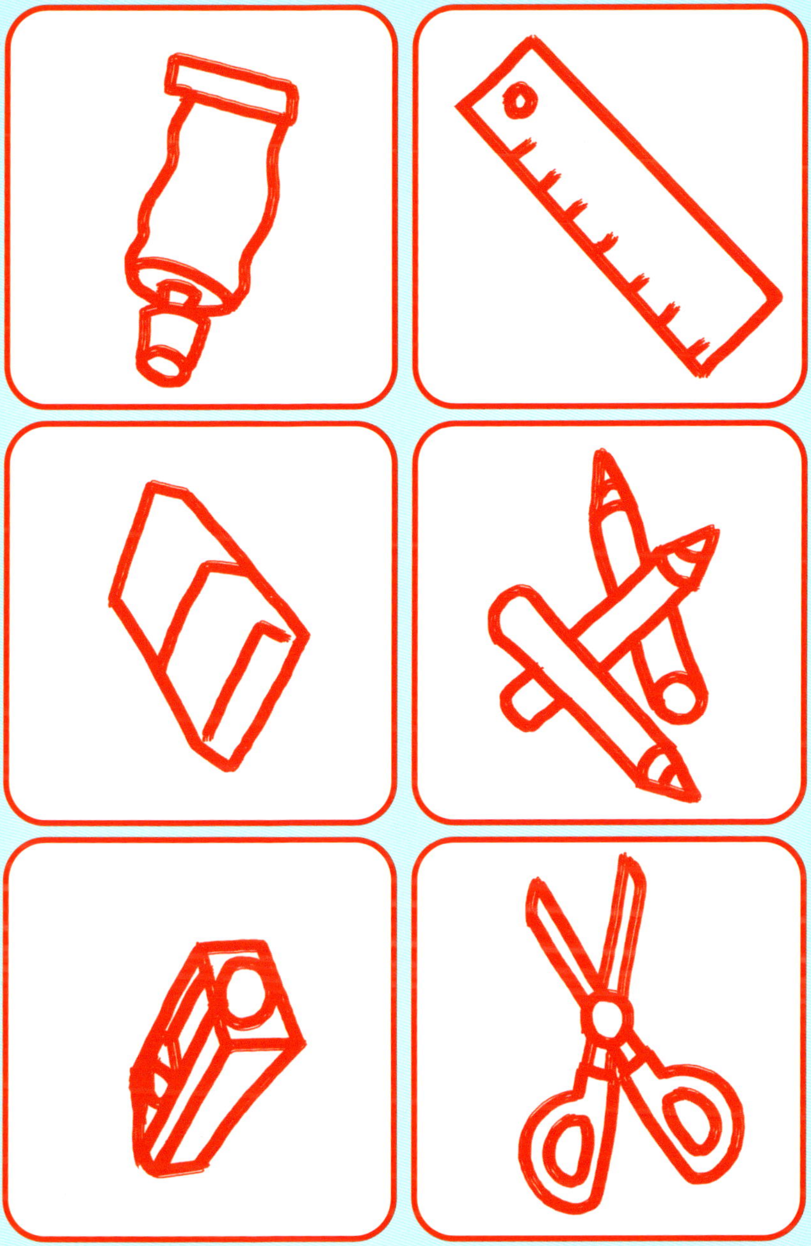

Die Inhalte und Übungsziele

1 **Als Schulkind bekommst du eine Schultasche**	Vergrößerte Bildausschnitte erkennen
2 **Als Schulkind bekommst du auch ein Schreibetui**	Bildausschnitte in Vergrößerung erkennen
3 **In der Schule lernst du Buchstaben kennen**	In einem Labyrinth Buchstaben erkennen
4 **In der Schule lernst du Zahlen kennen**	In einem Labyrinth Zahlen erkennen
5 **In der Schule kannst du fleißig lernen**	Puzzleteile in gleicher Größe, anderer Position und Farbe erkennen
6 **In der Pause kannst du spielen und toben**	Puzzleteile in gleicher Größe, anderer Position und Farbe erkennen
7 **Im Unterricht darfst du schneiden und kleben**	Aus Einzelteilen das Ganze erkennen
8 **Im Unterricht darfst du schreiben und zeichnen**	Anhand verschiedener Stifte Gemaltes und Geschriebenes finden
9 **In der Turnhalle turnst du an verschiedenen Geräten**	Gleiche Personen in verschiedenen Situationen erkennen
10 **Auf dem Sportplatz treibst du verschiedene Sportarten**	Gleiche Personen in verschiedenen Situationen erkennen
11 **Im Unterricht lernst du, Farben zu unterscheiden**	Rot und Grün erkennen und Bilder identifizieren

Die Kinder müssen genau beobachten, vergleichen und zuordnen können, wenn sie die Übungen fehlerfrei lösen wollen. Durch diese aufmerksame Mitarbeit wird ihre allgemeine Konzentrationsfähigkeit nachhaltig gestärkt und weiterentwickelt.

bambinoLÜK ab 4:

Bald bin ich ein Schulkind 2
ISBN 978-3-8377-**7972**-1
Wie komme ich zur Schule, was ist in der Schultüte, Mengenaufgaben, was gehört zum gesunden Pausenfrühstück?

Frühling mit Tina und Tim
ISBN 978-3-8377-**7991**-2
Von der Rückkehr der Vögel aus dem Süden, über den Nestbau der Amsel, Ostereieranmalen, das erste Mal auf dem Fahrrad ...

Winterspaß mit Tina und Tim
ISBN 978-3-8377-**7994**-3
Das fröhliche bambinLÜK-Winterheft mit Schlittschuhlaufen, Kekse backen, Wunschzettel, Nikolaus.

Geburtstagsspiele mit Tina und Tim
ISBN 978-3-89414-**658**-0
Geschenke auspacken, Geburtstagsspiele, Spielmobil, Dosen werfen ...

Kinderzirkus mit Tina und Tim
ISBN 978-3-89414-**659**-7
Lustige Clowns, wilde Tiere, Trapezkünstler, Zaubertricks ...

Erstes Rechnen
ISBN 978-3-89414-**629**-0
Einstieg in das elementare Rechnen im Zahlenraum bis 6. Optimale Veranschaulichung der Aufgaben durch Illustrationen. Entwicklung der rechnerischen Fähigkeiten.

Tina und Tim im Straßenverkehr
ISBN 978-3-8377-**7886**-1
Tina und Tim lernen für die Altersgruppe wichtige Verkehrszeichen kennen, links u. rechts unterscheiden, Farben, Fußgänger-Ampelschaltungen

bambinoLÜK ab 4:

Kinder-Knobeleien 1
ISBN 978-3-89414-**638**-2
Kinder-Knobeleien 2
ISBN 978-3-89414-**639**-9
Was hat sich verändert – was kommt dazu – was brauchen die Handwerker ... Genau betrachten, vergleichen, logische Verknüpfungen herstellen – alles in altersgerechte Übungen eingebunden.

Tine, Tom und Taps helfen gern
ISBN 978-3-8377-**7888**-5
Die drei erleben, wie sehr sich jemand freut, dem eine schwere Tasche abgenommen wird, wie schön es ist, wenn man jemanden zum Trösten und Erzählen hat. Diese Szenerien regen an zum gleichzeitigen Vorlesen und Spielen mit bambinoLÜK.

Tine, Tom und Taps verreisen gern
ISBN 978-3-8377-**7887**-8
Die drei Hauptpersonen reisen in verschiedene Städte und an verschiedene Orte. Diese Szenerien regen an zum gleichzeitigen Vorlesen und Spielen mit bambinoLÜK.

Tine, Tom und Taps zu Hause
ISBN 978-3-89414-**641**-2
Tine, Tom und Taps unterwegs
ISBN 978-3-89414-**642**-9
Kleine Alltagsprobleme als Bildgeschichten zum Vor- und Nacherzählen: Ich kann nicht einschlafen, Große Wäsche ... Jede Geschichte wird in Wort und Bild vorgestellt zum Vorlesen und Miterleben, anschließend wird die Geschichte als bambinoLÜK-Übung angeboten.

Die Fortsetzung

bambinoLÜK®

WWW.LUEK.DE

Plättchen für Plättchen zum Erfolg!
Mit dem bambinoLÜK-Kontrollgerät.

Einfache Übungen ohne Text zur Förderung des genauen Beobachtens, Vergleichens und Zuordnens. Von Kindern selbst zu lösen.

Bald bin ich ein Schulkind

ISBN 978-3-8377-7971-4

9 783837 779714